ユタカかめんと こうつうあんぜんを まなぼう

「とびだす」って
なんであぶないのか
かんがえてみよう！

まなちゃんは　これから　ほいくえん！
おきにいりの　くまちゃんも
いっしょです。

「ママもいくから　まって！」
「ママはやく〜！」

まなちゃん　はしりだしちゃったけど
だいじょうぶかな？

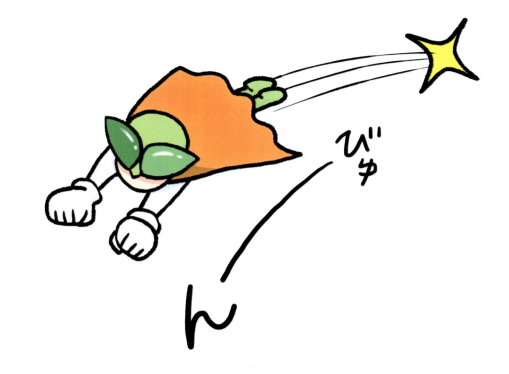

そのとき　そらから…！？

「う〜ん、ここのどうろも　あぶないなぁ…」
「えっ　どこが？」

よくみえない　どうろ。
そのままとびだすと…！？

あぶない！！

「ひかれちゃう！」
「みぎ　ひだりを　とまって　みてごらん」

まなちゃんは　ユタカかめんの　いうとおり
かべから　かおをだして
みてみました。

「おっと！あぶない」

まなちゃんに　きがついた　おにいさんは
とまってくれました。

「おさきにどうぞ。」
「ありがとう！」

「よかったね」
「うん！」

「まなちゃん、 おみせで おかいものが
 おわってからもだよ!」
「はやく おうちに かえりたいなぁ」

すぐに はしりだすと…!?

あぶない！！

「さあ、ここは　どうしたらいいか
　わかるかな？」

まなちゃんは　かんがえます。

「えーっと、とびらから　でるまえに
　みぎ　ひだりを　みるといいのかな？」

「あっ！くるまが　きてる！」
「これなら　あぶないって　わかるね！」

まなちゃんは　どうろに　とびだしては
いけないことが　ちゃんと　わかりました。

「あっ　ほいくえんの　せんせいだ！」
「まなちゃんの　だいすきな　せんせいだね！」

どうろの　むこうに
せんせいが　みえるからといって
はしりだすと…！？

あぶない！！

「あぶないところ　ばっかりだ！」

でも　まなちゃんは
もう　どうしたらいいのか　わかっています。

「とまって　みぎ　ひだりを
　みてみるんだよね！」
「すごい！まなちゃん！よくわかったね！」

ユタカかめんも　おおよろこびです。

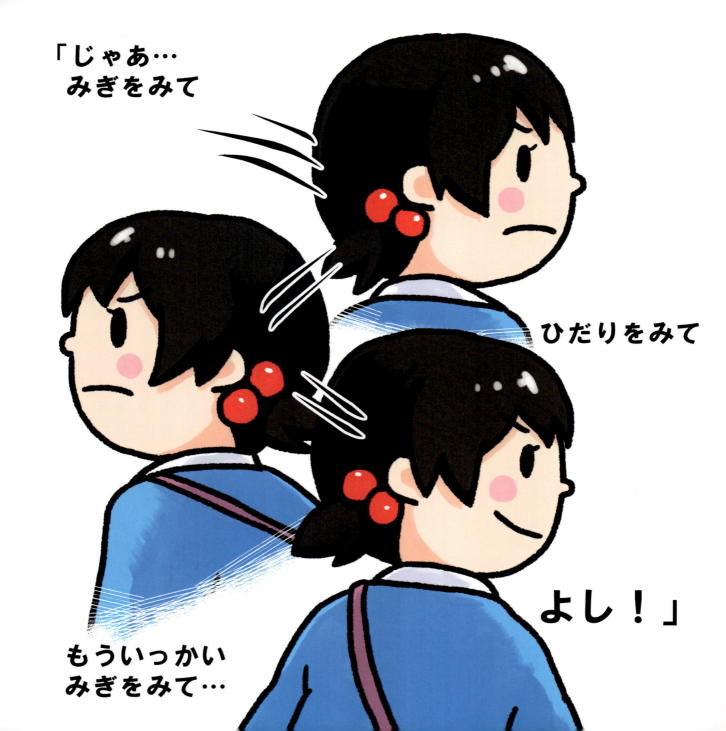

●ごあいさつ●
ユタカ豊川自動車学校は愛知県豊川市にあります。
私たちは幼い子供のころから交通ルールを学ぶことが大切だと感じていました。そこで、絵本を作成しました。
お子様と会話しながら交通ルールを楽しく学ぶ方法としてこの本をご活用いただければありがたいです。
また、作成にあたりご協力いただいた皆様には、心よりお礼申し上げます。

●ホームページ●
ユタカ豊川自動車学校(http://www.yutakakk.co.jp/toyokawa/)
交通安全友の会(https://yutaka-sg.jponokai/)

ユタカかめんと　こうつうあんぜんを　まなぼう

2018年12月20日　　初版発行　　　　　　　　　　　　　作　ユタカ豊川自動車学校
　　　　　　　　　　　　　　　　　　　　　　　　　　　　　交通安全友の会

定価（本体価格2,160円＋税）

発行所　　株式会社 三恵社
〒462-0056　愛知県名古屋市北区中丸町2-24-1　TEL 052-915-5211　FAX 052-915-5019
URL http://www.sankeisha.com

ISBN978-4-86487-980-4 C8793 ¥2160E

本書を無断で複写・複製することを禁じます。
乱丁・落丁の場合はお取替えいたします。